亚足联青少年儿童
足球训练手册

亚洲足球联合会　著

王景波　张　欢　译

人民体育出版社

目　录

第一部分
U6–U12年龄段

“踢得漂亮、主动进攻，球赛必是一场精彩的演出。”

——约翰 · 克鲁伊夫

一、引 言

本部分内容旨在辅助现在及未来的足球教练员为6～12岁的儿童（男孩和女孩）提供有益、有趣而又适当的足球训练。手册中包含的建议和信息均来自全球成功的儿童足球训练内容。

书中内容体现了亚足联草根足球和青少年足球计划的合理性①。该计划充分考虑了儿童追求快乐的本质，关注于他们的特殊需求、局限性以及实际能力。

亚足联坚信，足球运动可以为儿童建立社交技能、培养健康生活方式打下良好的基础，并提供积极的个人经历。简而言之，足球就是一个生活大讲堂！

亚洲足球联合会草根足球和青少年足球发展委员会希望本部分内容能给您带来益处。

---

①国际足联的草根足球发展计划主要针对6～12岁儿童开展各种形式的（学校、社团、俱乐部）足球运动。对于一些人来说是带有娱乐性的活动，对另一些人来说，是以学校或俱乐部等形式为基础而进行的正规训练和有比赛日程的足球运动。该计划与各个会员协会有着紧密联系，同时与各个国家致力于青少年教育的机构及个人建立合作。

二、足球教练员

教练员的鼓励和支持会带给儿童积极的个人体验。孩子们不应被寄予不现实的期望，意识到这一点十分重要。因此，教练员的重要职责之一就是吸引更多的儿童参与足球运动，并使之坚持下去。

教练员要营造良好的学习环境，最大限度地提升队员的参与度，提高队员的球技以及培养他们良好的团队精神。

目标1

足球运动为儿童建立良好的社会价值观、健康的生活习惯提供契机，对儿童成长具有指导意义。“公平竞赛”和“良好的体育精神”是参与足球运动的核心内容。

目标2

教练员在训练和比赛中应侧重足球的娱乐性而非结果。此外，加强儿童对足球运动的理解和提高基本技能也是教学重点。这一阶段不强调团队战术和特定位置战术。

最后，教练员需要谨记：队员的成长是一个长期过程，需要您的耐心。只有耐心的指导，才会让孩子们以轻松、自然的节奏获得所需的技巧并不断成熟完善。

三、家长、监护人和管理者

为了保证儿童在足球运动中获益良多，建议家长、监护人和管理者，在训练、比赛的每个阶段要行为规范，对此应遵循以下原则：

- 鼓励有兴趣的儿童参与足球运动。
- 鼓励儿童发展基本足球技能，在成长阶段避免进行单一位置的过度专项训练。
- 不要以对待成人的方式对待儿童。
- 不要责骂儿童。
- 注重教育目的，不要过多关注个人成功。
- 不要将球队的成功仅归功于教练员的投入。
- 关注孩子的努力和表现，而不是比赛结果。
- 教导孩子“公平竞赛”，能够接受失败而不沮丧。

- 鼓励孩子遵守规则，尊重裁判员和教练员的决定。
- 球员、观众和裁判员不应遭到辱骂和嘲弄。
- 要有耐心，有些孩子的成长比别的孩子需要更多的时间。
- 教导孩子尊重教练员、裁判员和家长。
- 帮助孩子在文化课学习和足球训练之间保持平衡。
- 提供必需的营养食品和适当的健康保健。

四、亚足联“足球金字塔”

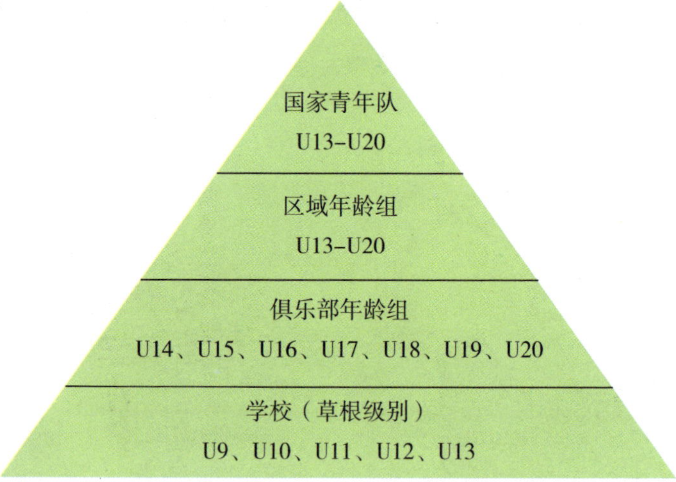

注：U表示under，因此U9表示9岁及以下。其他依此类推。

亚足联的“足球金字塔”表明，草根足球项目为俱乐部和国家队奠定了基础。基础越广泛，走出校队和社区球队继续参与足球运动的人就越多。同时，希望有更多热爱足球运动的人担负起足球教练员、裁判员和管理者的角色和职责。

五、草根球员的发展

草根阶段的训练

- 6～12岁儿童参与的足球训练和比赛侧重娱乐性和趣味性，规则应做适当修改。
- 训练活动的重点在于各种技能的学习，而不是专攻某一种技能或位置技术。
- 教练员要营造积极的、具有鼓励性的学习环境。对孩子们的努力训练、积极参与、技能提高和良好合作给予肯定。

草根阶段的比赛

- 足球比赛和足球节对每个年龄组的球员都十分重要。它所提供的挑战有助于球员进一步发展。
- 亚足联建议会员协会，在其省、地区和地区以下级别的足球协会应组织开展足球联赛。此外，利用假期组织的足球锦标赛也是很好的补充。
- 比赛年龄组的划分不超过两岁。例如，U10、U12、U14，或U9、U11、U13。
- 建议每年至少组织20～30场比赛（见第15页“比赛形式”）。
- 赛前应至少有两次训练课。
- 建议教练员执教球队至少在一年以上，这有助于队员通过比赛和训练使运动技能得到提高，并将知识进行转化和吸收。

六、球员发展阶段

草根阶段		青年阶段	
娱乐期	基础期	发展期	提高期
U6–U10	U11–U13	U14–U16	U17–U20

第一阶段　娱乐期（U6–U10）

9岁及以下年龄的儿童，需要通过玩耍获得基本的运动和协调能力。在此阶段，参加体育训练或体育课程的儿童应该广泛接触基础活动。训练和比赛的规则为日后的正规比赛提供了最初的基本框架。

球员特征

- 喜欢运动。
- 喜欢竞争。
- 肌肉发育不完全。
- 注意力集中时间短。
- 具有高度敏感性。
- 对成人偶像具有强烈、盲目的崇拜。
- 在体能发展等方面存在个体差异。

教练员注意事项

- 鼓励孩子参与足球运动。
- 仅给予他们必要的指导。
- 不要吝惜赞美。
- 给他们自由的空间去自己尝试。
- 教授基本的社交礼仪，如守时、合作、谦逊有礼、整理物品、缺席请假等。
- 树立楷模：友好、公平、守时、热情、尊重对手和裁判员，并公平竞赛。
- 避免用成年人的想法要求儿童，要发掘儿童真正的能力和需求。

训练注意事项

- 用最简单的规则，使训练充满乐趣。
- 传授最重要的技术，如运球、传球、射门等。
- 辅助练习：捉人游戏、接力游戏等。
- 包括全身运动和技巧。
- 介绍社交礼仪、培养积极的团队精神。
- 讲解基础术语。

比赛注意事项

- 足球基本概念：进攻和防守。
- 踢球过程中学习基本规则：开球、掷界外球、角球、任意球、球点球、球门球。
- 在比赛和训练中教育球员。
- 比赛：7对7。

比赛形式

年龄	球队规模	场地规模	比赛时间	比赛次数/年	足球型号
U6	4对4	40×30码	10~30分钟	20~25次	3
U7	5对5	40×30码	15~30分钟	20~25次	3
U8	5对5	50×40码	20~40分钟	20~25次	3
U9	5对5	50×40码	20~40分钟	20~25次	3
U10	5对5	50×40码	20~40分钟	20~25次	3或4

注：1码=0.9144米。

娱乐期训练实例

每次训练可以分为以下几个基本部分：

（1）热身：讲解训练内容、捉人游戏、跑步游戏、趣味竞赛。（占训练课的20%）

（2）技术：个人技巧、双人练习、小组练习。（占训练课的30%）

（3）比赛：4对4，3对3，2+3对3等。（占训练课的40%）

（4）结束：拉伸运动、球队交流。（占训练课的10%）

建议娱乐期的训练时间掌握在40~60分钟之间。

1. 热身

组织方法

–场地：15 × 10米。

–设备：分队背心、足球和标志盘。

–场上队员数量（根据年龄和能力而定）。

捉人游戏

–无球捉人游戏。

–当有人被捉住时，捉人者变为被捉者。

变换形式

–每个参与者一个球。

–在中间增加两人。

2. 技术

组织方法

–场地：20×15米。

–设备：分队背心、标志盘、足球。

运球/传球

–每人一球，运球过标志盘。

–两人一球，两标志盘之间传球成功得分。

变换形式

双人练习：在最短时间内成功将球通过所有标志盘的小组获胜。

3. 比赛

组织方法

–场地：20×15米。

–设备：足球、分队背心、标志盘和2个便携式球门。

小场地比赛

–4 对 4（2个便携式球门）。

–竞技状态：自由发挥。

4. 结束

拉伸运动、小结和物品清理。

第二阶段　基础期（U11-U13）

本阶段是儿童运动技能发展的黄金学习期，应在这个阶段掌握基本的足球运动技能。

球员特征

- 身体和运动技能发展各异。
- 渴望学习新的技能。
- 渴望来自同龄人、家长及教练员的认同。

教练员注意事项

- 有效展示所需技能，进行反复练习。
- 帮助队员独自完成任务并为个人行为负责。
- 做好楷模。
- 鼓励积极的行为。
- 个人技巧的发展比所获比赛成绩更为重要。
- 鼓励球员尝试每个位置技术。

训练注意事项

- 系统传授技术、技巧。

–运球、传球、左右脚射门、脚内侧/外侧运球变换速度及方向。

–地滚球、长传球。

–头顶球。

–假动作过人。

–调整规则的小场地比赛。

–运动技巧和协调练习，包括：

◇抓人游戏、接力；

◇越障练习；

◇反应练习；

◇平衡练习；

◇节奏练习；

◇各种运动器械的练习。

- 创造成功机会。
- 逐渐发展运动能力。

传授新技巧和练习时，应遵循以下方法步骤：

讲解
↓
示范
↓
练习
↓
反馈
↓
练习

比赛注意事项

- 使每个孩子都有机会尝试从守门员到前锋的各个位置。
- 讲解场上各区域的职责（前场、中场、后场，各种死球情况，如任意球、角球等职责）。
- 没有固定的团队战术。
- 允许队员进行创新，不能因过错责怪球员。

比赛形式

年龄	球队规模	场地规模	比赛时间	比赛次数/年	足球型号
U11	7对7	60×40码	30～60分钟	25～30次	4
U12	7对7	60×40码	30～60分钟	25～30次	4
U13	9对9—11对11	70×50码	30～60分钟	25～30次	4或5

基础期训练实例

每次训练可以分为以下几个基本部分：

（1）热身：讲解训练内容、捉人游戏、跑步游戏、趣味竞赛。（占训练课的20%）

（2）技术：个人活动、双人练习、小组练习。（占训练课的30%）

（3）比赛：4对4、3对3、2+3对3等。（占训练课的40%）

（4）结束：拉伸运动、球队交流。（占训练课的10%）

建议娱乐期的训练时间掌握在60～75分钟之间。

1. 热身

组织方法

–场地：15×10米。

–设备：足球和标志盘。

–场上球员数量（根据年龄和能力而定）。

运球

–每人一球。

–使用左右脚在场内运球。

–做1~2个假动作。

变换形式

–根据教练员指令两人交换球。

–将对方足球踢出界外。

2. 技术

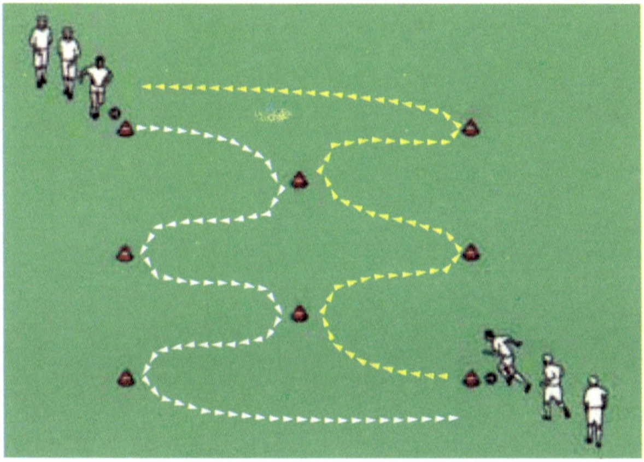

组织方法

–场地：30 × 20米。

–设备：标志盘、足球。

运球/假动作

–每人一球。

–运球，在标志盘前做假动作。

变换形式

–改变方向。

–使用不同假动作，如罗纳尔多踩单车等技巧。

3. 比赛

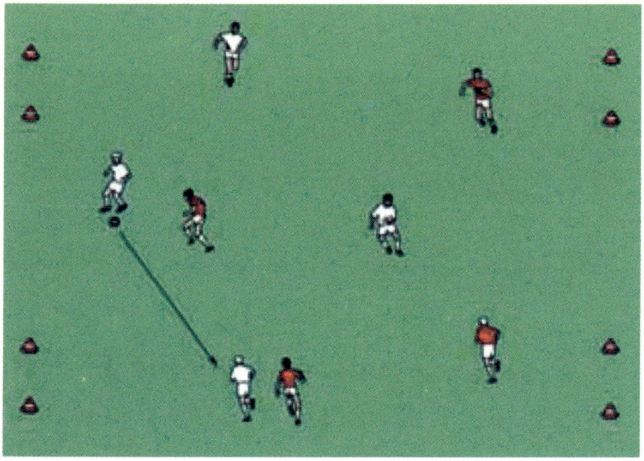

组织方法

–场地：30×20米。

–设备：标志盘、足球、分队背心。

小场地比赛

–4对4（2个小球门）。

–每队进攻和防守两个球门。

4. 结束

拉伸运动、小结和物品整理。

第二部分
U13–U20年龄段

“你必须热爱这项运动，而且想要与队友分享某种生活方式——一种享受足球的生活方式。”

——阿尔塞纳·温格

七、引 言

本部分内容旨在辅助现在及未来的足球教练员和教师为13～16岁的少年及17～20岁的青年人提供有益、有趣而又适当的足球训练。手册中包含的建议和信息均来自全球成功的青少年足球训练内容。

足球运动可以为青少年提高生活技能、培养健康生活方式打下良好的基础，并且能够在学习足球技能的同时获得积极的个人经历。换句话说，足球就是生活大讲堂！

本部分提到的指导方针是在亚洲足球联合会6～12岁儿童训练手册的基础上建立的。青少年的训练应在传授基本足球技能的同时兼具趣味性，寓教于乐。本部分的另一个目的是帮助未来的教练员更加深入地了解青少年球员的特点。

青少年阶段的训练，以传授更多固定位置技巧和球队战术为主。队员将为进入成人比赛或成为职业球员做好准备。球员在此阶段将会逐渐走向成熟，变得更加独立，但依然需要我们的理解、指导和支持，从而使潜能得以充分发挥。

书中的指导方针是基于亚洲足球联合会草根足球和青少年足球计划提出的建议，会员协会应根据自身需要贯彻实施。球员的成长是一个长期过程，指导青少年球员更是一种挑战。教练员需要在耐心的基础上，给年轻队员带来积极而长远的影响，因为他们是足球运动的未来。

亚洲足球联合会草根足球和青少年足球发展委员会希望本部分内容能给您带来益处。

3

八、足球教练员

适用于青春期早期球员的训练策略

13～20岁的青少年随着其力量、速度和耐力的发展，在今后的表现中会有很大的发展空间，因此，这一时期就要经常参加各自年龄组中的高水平比赛。同时，他们需要时刻准备获得高级球技和比赛战术。基于以上原因，教练员需要制订详细的训练计划，既要传授基本的足球技巧又要传授全面的战术知识。此外，教练员需要具备指导青少年足球训练和分析比赛的能力。

青春期早期被认为是球员发展的关键期。以下事例是发生在足球场景下的典型情形：

- 随着力量、速度和耐力的发展，球员表现出大幅度的进步，但也有可能造成可塑性、灵活性和协调性的损失，从而阻碍队员未来的发展。

● “不惜一切代价取得胜利”经常导致球员缺乏技巧、急功近利，最终使他们对足球运动失去兴趣和参与动力。

●表现好的球员经常占据关键位置，有较多的练习机会，而表现稍逊的球员较难获得尊重感和责任感。

●外在环境带来的挑战不断增加，如学校课业越来越繁重、参与其他社会活动的乐趣日益增强、对异性的新奇感、同龄人给予的负面压力和要求，以及一些家庭问题等，这些都是年轻人将会面临的主要问题。

因此，教练员和球队工作人员要采取适当的训练和沟通技巧，帮助年轻球员意识到参与足球运动可以带来社会认同和实现自身价值。

教练员、家长和管理者应该教会孩子一些社会技巧，包括良好的态度和行为，如公平竞赛、高尚的行为准则、努力付出、谨慎行事、在困境中寻找乐趣等。

保持健康的生活方式，摄取足够的营养，远离毒品，提高体能、速度、灵活性，以及适当的休息和充足的睡眠，这些都是球员潜能发展的重要保障。

总体而言，教练员在年轻球员的成长中起到了关键性作用。教练员应致力于培养球员的自我意识，增强其责任感，建立团队或俱乐部内部积极的人际关系。最重要的是营造良好的环境，让足球运动更具挑战性、令人兴奋且充满乐趣。

九、家长、教师和管理者

为了保证青少年在足球运动中获得最大益处，强烈建议家长、官员和管理者在正规竞赛和训练的每个阶段贯彻执行一定的行为规范。

为了最大限度地挖掘年轻球员的足球天赋，家长、官员以及管理者需要关注每个球员的身体和心理健康。与实施惩罚相比，鼓励和表扬得到的效果更加积极有效。与其他运动一样，球员、家长、官员和管理者彼此间经常性地交流沟通，能够更加充分地了解球员的需求。与此同时，年轻球员也能够学会尊重球队工作人员和管理者，学会珍惜他们的付出。

10
10
BELIEVE

十、亚足联“足球金字塔”

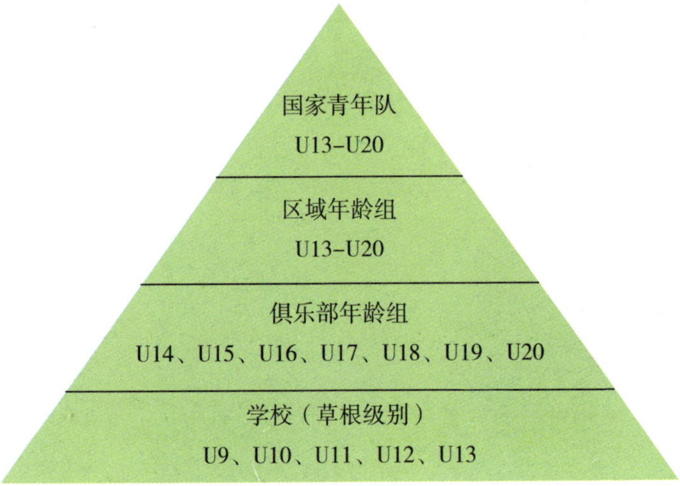

亚足联的“足球金字塔”表明草根足球项目为俱乐部和国家队奠定了基础。基础越广泛，走出校队和社区球队继续参与足球运动的人就越多。同时，希望有更多热爱足球运动的人担负起足球教练员、管理者和工作人员的角色和职责。作为教练员和管理者，我们应鼓励男孩和女孩能够一直参与足球运动。

十一、青少年球员的发展

青少年阶段的训练

- 教练员应充分意识到青少年在身体、心理、运动潜能等方面存在差异。
- 很多处于青春期的球员开始逐渐关注社会生活的其他方面。教练员和管理者应认识到这一点，并及时采取一些策略避免年轻球员的流失。
- 对13～20岁的球员，在练习中要培养他们的责任感和独立性。足球队和俱乐部应支持和鼓励这些雄心勃勃的年轻人，在球队或俱乐部的管理中担负职责（例如担任队长、裁判员等）。

● 教练员、球队管理者和工作人员是年轻人的榜样，因此，这些人要始终展现良好的行为规范。此外，建立和加强行为约束十分重要，要保证每个人都了解错误行为所带来的后果。

● 在青年期（17～20岁）获得胜利会带给青年人巨大的动力，因为他们渴望在运动场上获得认可和赞扬。教练员应该针对球员的表现而非比赛结果进行客观的评价。

● 定期的周赛对每个年龄组的球员都很重要，它所提供的挑战有助于球员进一步发展。因此，亚足联建议所有会员协会在学校、省和地区组织开展足球联赛。此外，学校假期中的足球锦标赛也是很好的补充。

十二、球员发展阶段

草根阶段		青年阶段	
娱乐期	基础期	发展期	提高期
U6–U10	U11–U13	U14–U16	U17–U20

第三阶段　发展期（U14–U16）

这一阶段，青年人在身体、心理和情感方面经历着重要变化。教练员应该清楚这些变化，帮助球员面对挑战、克服困难，给予他们支持和鼓励。

球员特征

- 情绪不稳定。
- 各方面快速成长。
- 对技术技巧有更好的理解。
- 个性、需求以及期望日益成熟。

教练员注意事项

- 与球员进行交流是建立信任、尊重和理解的最有效途径。
- 向球员阐述应达到的目标。
- 促进球员自我意识和责任感的发展。
- 理解和同情球员的个人问题与关注焦点。
- 公平公正地对待所有球员。
- 提供正确、有建设性的反馈意见。
- 永远不要在球队面前嘲笑任何球员。
- 参与球队事务的处理。

训练注意事项

- 分析评价球员及球队以往的表现。
- 对训练提出积极建议，强调球员表现的积极方面。

- 训练课前做好充足的准备。
- 训练内容应包括个人技巧、战术等各个方面。
- 运动技能、协调能力的训练融入热身部分，偶尔纳入训练的其他部分。
- 训练中的比赛是促进训练的主要方式。
- 针对个体弱点进行强化训练。
- 将足球训练融入比赛。

传授技巧时，应遵循以下方法步骤：

讲解
↓
示范
↓
练习
↓
反馈
↓
练习

比赛注意事项

13~15岁的球员逐步理解了复杂的运动技巧，渴望学习防守、进攻等各种情况的应对策略。

鼓励教练员允许球员体验各种战术队形、技巧策略和位置技术，以促进球员的全面发展。

比赛形式

年龄	球队规模	场地规模	比赛时间	比赛次数/年	足球型号
U14	11对11	90×60码	30~60分钟	25~30次	5
U15	11对11	90×60码	40~80分钟	30~35次	5
U16	11对11	90×60码	40~80分钟	35~40次	5

发展期训练实例

每次训练可以分为以下几个部分：

（1）热身：讲解训练内容，慢跑、协调性练习、拉伸运动。（占训练课的20%）

（2）技术：个人活动、双人练习、小组练习。（占训练课的30%）

（3）比赛：5对5、4对4、3对3、2+3对3等。（占训练课的40%）

（4）结束：拉伸运动、球队交流。（占训练课的10%）

建议发展期的训练时间掌握在75～90分钟之间。

1. 热身

–慢跑。

–协调性运动技能（节奏练习）。

–拉伸运动。

2. 技术

训练目的：传球、“套边”战术、控球、横传和射门。

组织方法：

–场地：40×25米。

–设备：标志盘、足球和球门。

–队员：3名队员和1名守门员。

练习内容：

–X1传球给X2，然后从X2身后套边。

–X2接球后传球X3。

–X3接球后传给 X1。

–X2和X3跑向球门。

–X1运球下底横传给X2或X3，完成套边战术配合。

变换形式：

–从右侧换到左侧练习。

练习重点：

–每个动作的时机掌握。

3. 比赛

组织方法：

–场地：40×25米。

–设备：标志盘、足球、分队背心。

–队员：8名球员+2名守门员+2名中立球员。

练习内容：

–控球。

–4对4（2个球门）。

–中立球员加入控球方进行比赛。

–10次连续传球等于一个进球。

变换形式：

–允许两队最多2～3次触球。

–增加1名中立球员。

–增加触球次数。

–场外有中立队员支援。

4. 结束

慢跑、拉伸运动、小结和物品整理。

第四阶段 提高期（U17–U20）

对于17～20岁的球员而言，本阶段是从青年向成人转变的过渡期。在此阶段，球员要为适应成人足球所需的体能和心理素质做好准备。然而，我们必须明确，此阶段仍然属于青年时期。

教练员应该注意培养球员的独立性，为球员提供学习的时间和机会，使其能够对个人行为进行思考、做出决定并为结果负责。

这个年龄段的球员期望被当作成年人看待，经常要求拥有完全的自由和相应的权益。作为教练员，我们期望塑造具有良好社会心理素质的球员，他们要有强大的意志、自信、团队精神、战术素养，以及自我批评的能力等。

“目标设定”是帮助球队和球员有效设定短期和长期目标的方式之一。目标设定因人而异，一些球员的目标可能是加强体能，而另外一些球员的目标可能是提高某一技巧。但这不妨碍球队或球员遵守训练计划。因此，教练员要监督每个球员，为他们达到目标提供相应的支持和训练。

球队的目标能够创造积极的团队精神，因此要为球员设定一个共同的目标。

球员特征

- 有兴趣也有能力理解高级技巧。
- 大部分球员的身体已经发育成熟，在力量和速度方面有大幅度提升。
- 注重目标的实现，并以参与过程的表现为导向。
- 具有个性，拥有自己的观点、需求和选择。
- 希望被当作成年人看待。

教练员注意事项

- 建立信任。
- 关注每个个体。
- 提高球员的责任感。
- 鼓励主动性、创造性、挑战性、应变性等。
- 球员参与目标设定和问题解决的过程。
- 对球员的社会相关事务给予理解（包括学校、家长、工作、人际关系、经济状况等方面）。

训练注意事项

- 比赛环境下进行的全方位战术考量。
- 根据球员素质和能力模拟比赛环境进行训练。
- 提供针对个体弱点的训练。
- 训练和比赛相结合，对战术理念进行训练。
- 在比赛环境下寻求使用技巧的各种练习。
- 允许球员具有创造性，尝试不同位置技术。
- 训练内容适当参考球员以往比赛中的表现。
- 各种调整性训练，包括速度、力量、耐力、协调性和灵敏性。
- 跑动、跳跃、协调性应纳入训练的热身部分。
- 比赛训练是提高身体素质的有效途径。
- 伤后康复以及个人弱点需要特殊的适应性训练。
- 心理训练，包括放松、呼吸、集中注意力、联想和想象。

比赛注意事项

- 全面的团队战术。
- 个人技巧的完善。
- 提高球队的防守和进攻战术（踢墙式二过一、跑位、交叉掩护二过一等）。
- 以球为导向的防守。
- 提升球队战术意识，尤其是防守和进攻方面。
- 鼓励创造性、主动性和应变性。

比赛形式

年龄	球队规模	场地规模	比赛时间	比赛次数/年	足球型号
U17	11对11	110×70码	90分钟	40～45次	5
U18	11对11	110×70码	90分钟	40～45次	5
U19	11对11	110×70码	90分钟	40～45次	5

提高期训练实例

每次训练可以分为以下几个部分：

（1）热身：讲解训练内容，慢跑、协调性练习、拉伸运动。（占训练课的20%）

（2）技术：个人活动、双人练习、小组练习。（占训练课的30%）

（3）比赛：9对9、2+7对7、1+4对4、2+3对3等。（占训练课的40%）

（4）结束：拉伸运动、球队交流。（占训练课的10%）

建议提高期的训练时间掌握在90分钟以内。

1. 热身

–慢跑。

–协调性：节奏练习（运动技能）。

2. 技术

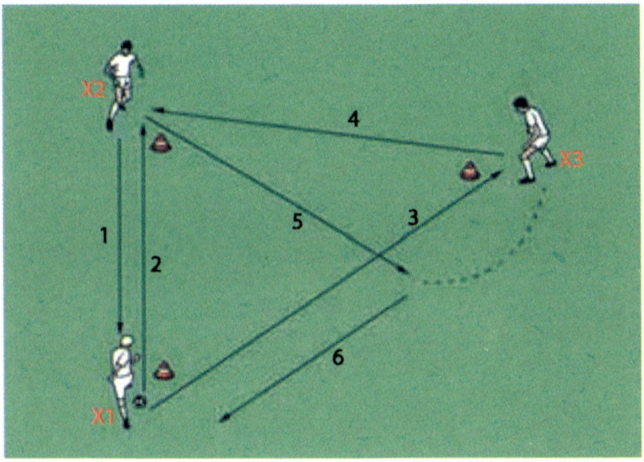

组织方法：

–场地：15×10米。

–设备：足球和标志盘。

–队员：3名队员呈三角形站位。

练习内容：

–X1传球给X2，再接X2回传球。

–X1传球给X3，X3控球并与X2进行踢墙式二过一练习配合。

–同时，X1已移动至X2的位置。

变换形式：

扩大或缩小场地。

3. 比赛

组织方法：

–场地：50×40米。

–设备：分队背心、足球、标志盘。

–队员：1名守门员、7名防守队员和8名进攻队员。

练习内容：

–防守和进攻。

–7名防守队员（绿色球衣）对抗8名进攻队员（黄色球衣）。

–黄队开球，通过配合射门得分。

–绿队控球时通过反攻射门得分（进攻中线附近的两个小球门）。

变换形式：

教练员根据训练目标对练习进行调整。

4. 结束

拉伸运动和小结。

图书在版编目(CIP)数据

亚足联青少年儿童足球训练手册 / 亚洲足球联合会著；王景波，张欢译. -北京：人民体育出版社，2016
ISBN 978-7-5009-5018-9

Ⅰ. ①亚… Ⅱ. ①亚… ②王… ③张… Ⅲ. ①青少年-足球运动-运动训练-手册②儿童-足球运动-运动训练-手册 Ⅳ. ①G843.2-62

中国版本图书馆 CIP 数据核字(2016)第 176452 号

*

人民体育出版社出版发行
三河兴达印务有限公司印刷
新 华 书 店 经 销

*

850×1168 32 开本 2 印张 22 千字
2016 年 12 月第 1 版 2016 年 12 月第 1 次印刷
印数：1—3,000 册

*

ISBN 978-7-5009-5018-9
定价：15.00 元

社址：北京市东城区体育馆路 8 号（天坛公园东门）
电话：67151482（发行部） 邮编：100061
传真：67151483 邮购：67118491
网址：www.sportspublish.com
（购买本社图书，如遇有缺损页可与邮购部联系）